Суды небесные для новичков

Практическое руководство по выступлению с иском в небесных судах

Рабочая тетрадь «Суды небесные для новичков»

Практическое руководство по выступлению с иском в небесных судах

Издательство Seraph Creative www.seraphcreative.org

Автор: Рональд Монтейн

Консультанты: Арьян Хульсберген, Мейндерт Ван

Дизайн обложки: агентство Feline Graphics www.felinegraphics.com

ISBN 978-1-964959-46-7 (paper)
ISBN 978-1-964959-47-4 (eBook)

Перевод текста книги и редактура русского текста - Павел Лыков –
pavel@lykov.online

Информация в этой книге подготовлена с максимальной тщательностью. Издатель и автор прямо исключают любую ответственность за любые прямые или косвенные убытки или ущерб любого рода, понесенный в результате использования информации, содержащейся в этой книге.

Суды небесные для новичков

Практическое руководство по выступлению с иском в небесных судах

Рональд Монтейн

Опубликовано издательством Seraph Creative

Содержание

Введение

В рабочей тетради содержатся дополнительные материалы к опубликованной ранее книге «Суды небесные для новичков». Вы можете воспользоваться тетрадью для выполнения заданий из основной книги. Данное пособие поможет вам подготовить иск, пройти небесный суд и получить решение суда.

Эту же тетрадь можно использовать повторно для работы с несколькими исками. Автор дает вам разрешение на копирование этой рабочей тетради для личного использования. Обратите отдельное внимание на главы 2 и 3 - они помогут вам описать ту несправедливость, которая произошла с вами, и вы сможете составить исковое заявление для суда.

Выступая по своему иску, делайте заметки и сохраняйте их. Как и сказано в книге, очень важно будет записать решение суда. Таким образом на земле вы сделаете юридически значимую копию решения, вынесенного на небесах. Если вы не видите улучшений в той ситуации, по которой подавали иск и получили решение суда, вы сможете воспользоваться заметками, чтобы попросить совета у кого-то другого.

Предупреждение

Данная рабочая тетрадь является приложением к основной книге (не перепутайте). Как я писал в книге, очень важно предварительно прочитать первую часть книги. Я понимаю, что вам захочется скорее перейти к делу и подать иск, но чрезвычайно важно тщательно подготовиться к суду. Это важно в земных судах и не менее важно для судебного иска на небесах. Поэтому, пожалуйста, прочитайте сначала книгу, прежде чем приступить к работе с этой тетрадью.

I

Что написано в моем свитке?

Эта глава поможет получить более четкое представление о том, что написано в вашем свитке. Наш Небесный Отец дал каждому из нас судьбу и миссию, которую вам надлежит исполнить на земле. Эта миссия записана на том, что Библия называет свитком нашей жизни. У каждого человека есть определенная судьба и миссия, и никто, кроме вас, не сможет эту миссию выполнить.

Запечатанный свиток

Как вы, возможно, вы уже причитали в книге, враг способен поставить печати на наш свиток. Запечатанный этими печатями свиток невозможно прочесть. В такой ситуации у вас не может быть четкого представления о том, что вам делать со своей жизнью. И по этой причине вы неспособны принимать правильные решения, которые будут соответствовать вашей миссии от Бога.

Вот почему многие с наступлением 40-летия вынуждены что-то серьезно менять в своей жизни. В этом возрасте люди, наконец, начинают осознавать, что им нужно достичь. Те, у кого хватает смелости пойти на перемены, получают огромную выгоду. Те, кто не справляется, переживают то, что мы называем «кризисом среднего возраста». Таким людям понятно, что изменения необходимы, но им не хватает мужества и воли, чтобы решиться на них.

Если же печати сняты с вашего свитка, можно увидеть написанное в нем, и тогда вы сможете лучше реализовать свою судьбу. Именно это происходило в видении, которое Иоанн описывает в Откровении 5-й главе. Он видит свиток, запечатанный семью печатями. Он много плачет, потому что никто не может вскрыть печати и открыть свиток. Пока не появляется Иисус. Только Он способен выпустить вашу судьбу на свободу.

Итак, свиток может быть запечатан, и нам нужно выяснить, кто его запечатал и что мы можем с этим сделать. Нередко сатана получает власть наложить печать на ваш свиток потому, что ваши предки когда-то заключили завет с князем тьмы. Пример- масонство или другие культы. Если ваш предок заключает завет, условия завета записываются и запечатываются кровью. Предок далее получает власть или богатство в обмен на судьбы своих потомков.

Вот почему мы должны попросить Святого Духа показать нам, имеют ли место такие события в нашей жизни. Было бы неразумно начать очищать свою родословную вплоть до Адама, не воспользовавшись руководством и наставлениями Святого Духа. По незнанию или некомпетентности мы можем скорее навредить, а не помочь. Помните духовный закон: «То, на чем вы сосредотачиваетесь, получает от вас силу». Поэтому, пожалуйста, не начинайте курс анти-масонских молитв об освобождении в надежде решить ваши проблемы. Вот мне, например, пришлось на собственном опыте узнать, что, если делаешь что-то без веления Святого Духа, происходит обратная реакция.

Поэтому нам нужно тщательно исследовать нашу родословную. Спросите Духа Мудрости или Духа Откровения о том, как лучше всего подойти к этому. Помните, что вам нужно только узнать, есть ли на вашем свитке печати, которые мешают вам выполнить вашу судьбу и как от них избавиться. Изучите историю своей семьи, спросите членов семьи, знают ли они что-то необычное о предках и старейшинах вашего рода. Была ли у кого-то преждевременная смерть, какие-либо зависимости или стереотипное поведение в семье - эта информация даст вам ключ к пониманию демонического влияния в вашей семье. Возможно, произошла потеря имущества или богатства, что-то было украдено или уничтожено природными катаклизма-ми. Эти вопросы помогут вам понять, пытался ли враг (и каким образом он хотел) повлиять на вашу жизнь, а также убить вас и погубить вашу судьбу.

Помните, что тот мандат, по которому вы имеете право обращаться в небесные суды, соединен с миссией, записанной в вашем свитке. Поэтому узнав, что написано в вашем свитке, вы узнаете и о том, каков ваш мандат в суде. Ниже опишите, какие печати вы обнаружили в своем свитке. Спросите Святого Духа, как правильно снять эту печать. Бывает, это можно сделать, просто раскаявшись в грехах наших предков. Но бывает, нам не обойтись без помощи нашего ГОСПОДА Иисуса Христа, только Он может снять определенные печати.

Приступая к подготовке иска, спросите, разрешено ли вам снимать печати и что вам нужно сделать, чтобы это произошло. Иоанн много плакал, потому что никто не мог снять печати на свитке человечества. Его слезы позволили Иисусу взломать печати свитка, увиденного Иоанном. Узнать, что же необходимо вам можно только задав этот вопрос.

И запомните, после удаления печати со свитка что-то обязательно изменится. На свободу выйдет сила свитка после удаления печатей. Небо и земля могут бурно отреагировать, свиток частично раскрывается и становится видимым его содержимое.

Итак, какие печати стоят на моем свитке?	Как снять эти печати?
1.	1.
2.	2.
3.	3.
4.	4.
5.	5.
6.	6.
7.	7.

Испытывали ли вы сопротивление врага в определенной области вашей жизни?

Главная задача сатаны - любыми возможными способами помешать нам исполнить судьбу. Важнейшее правило, которое он должен соблюдать - он ни за что не может прикоснуться к свободной воле человека. Куда бы он не хотел атаковать человека, сначала он должен получить разрешение в судах небесных. Иисус ясно дал это понять в Луки 22:31, где он утверждает, что сатана требовал просеять учеников, как пшеницу.

У каждого из нас бывают трудные обстоятельства в жизни. Некоторые появляются в результате наших собственных глупых решений и ошибок, но бывает, Святой Дух ведет нас в пустыню, чтобы мы научились доверять Богу. А бывает, сатане позволяется просеивать нас, как пшеницу, как он и делал с учениками и с Иовом.

Но почти всегда можно обнаружить определенную закономерность, потому что Бог ставит другую задачу: прокачать вашу способность исполнить вашу же судьбу. А лучше всего она прокачивается, когда вы выдерживаете трудности. Если вы смотрите на сложности жизни именно таким образом, то преодолев их, вы станете сильнее и лучше экипированы. Как говорят в армии: «Тяжело в учении, легко в бою». Но эта закономерность часто ускользает от нас, потому что мы не ищем ее.

И поэтому важно успокоиться и, не торопясь, перечислить все те трудности, которые вы пережили в своей жизни. Важно отсеивать собственные эмоции, вспоминая все тяготы прошлых лет. Эмоции нужно учитывать, но не позволяйте им брать верх над вами. Сделайте важное признание: Бог способен сделать так, что все в вашей жизни будет содействовать вам ко благу. И тогда вы увидите руку искупителя в обстоятельствах своей жизни.

Пожалуйста, воспользуйтесь следующей таблицей, чтобы записать, какие нападки на свою жизнь вы испытали. Запишите, что произошло, когда это произошло, кто участвовал и каков был результат этих атак лично для вас. Затем поищите в Писании стихи, которые дадут вам утешение или обетование от Бога. Обетование победы. Если атаки все еще продолжаются, используйте Божьи обетования, чтобы выйти из проблем победителем. Опишите подробно те сферы вашей жизни, в которых вы ощущаете большинство нападок. Например, вы боитесь выступать на публике, потому что у вас остались плохие воспоминания после школы, где на уроках вам нужно было выступать с докладом? Возможно, вас высмеивали родные или друзья, когда вы пытались выступить с докладом? Критиковали коллеги во время презентации? Если это так, есть большая вероятность, что ваше призвание - проповедовать или учить. Враг нападает на вашу судьбу, помните?

В чем вы испытали нападки и угнетение?	Какие обетования есть на этот счет в Библии?
1.	1.
2.	2.
3.	3.
4.	4.
5.	5.

Наш характер и особенности личности — это дар

Бог дал вам такие личные качества, которые помогут успешно выполнить вашу миссию. Нельзя судить о человеке по его психотипу, потому что нет неправильного или правильного психотипа. Каждый из нас получил уникальный набор качеств, который позволит исполнить нашу миссию так, как не может это сделать никто другой. Бывает так, что окружающие не воспринимают наши личностные особенности - тогда, чтобы предотвратить боль, мы приспосабливаемся. Но поступая так, вы тормозите себя, лишаете себя тех сил, которые необходимы для выполнения вашей уникальной миссии от Бога. Поэтому важно понимать, как же выглядит ваш характер и личностные особенности в оригинале. И тогда вы сможете различать свои слабые и сильные стороны. Есть множество тестов, которые могут помочь вам узнать ваш психотип. Тест DISC - один из них.

Тест DISC различает четыре психотипа. Первая шкала - выбор между ориентированностью на задачи или на людей. Вторая шкала - ваша способность принимать решения: вы быстро принимаете решение или принимаете его на протяжении какого-то времени? Тест помогает понять подводные камни и сильные стороны каждого психотипа. Он также поможет вам понять, является ли ваше поведение результатом обстоятельств, в которые вы попали или результатом вашей внутренней силы.

Пройдя тест, часто получают данные о сочетании двух или трех стилей личности. Первый стиль - «Доминирующая личность», второй стиль - «Влиятельная личность», третий стиль - «Устойчивая личность», а четвертый - «Сознательная личность». В нижеследующей таблице вы увидите очень простое изображение главных характеристик каждого стиля.

Рассмотрим первый столбец слева. Как выглядит ваш идеальный мир? Другими словами, какие факторы окружающей среды дают вам энергию? Каков ваш самый большой страх, или чего вы действительно боитесь? На что преимущественно расходуется ваше время? В каких временных рамках вы живете? Вы хотите все и сейчас или всегда смотрите в прошлое? Как вы выражаете свои эмоции? Какие вопросы вы задаете окружающим или себе? И, наконец, каков ваш самый большой мотиватор, когда вы работаете с другими людьми?

Стили личности DISC – упрощенный вариант презентации

	Доминирование	Воздействие
Идеальный мир	Полный вызовов	Развлечение
Самый большой страх	Потеря контроля	Отвержение
Временной промежуток	Пусть случится прямо сейчас	Завтра тоже подойдет
Эмоции	Трудный характер	Счастье / оптимизм
Вид вопроса	Что?	Кто?
Мотивация	Быть важным	Быть признанным
	Соответствие	**Постоянство**
Идеальный мир	Все должно быть совершенным	Все должно быть спокойным
Самый большой страх	Подвернуться критике	Потеря чувства безопасности
Временной промежуток	Живет в прошлом	Живет в настоящем
Эмоции	Испуганный и осторожный	Обеспокоенный
Вид вопроса	Зачем?	Как?
Мотивация	Быть уверенным	Наводить мосты

Отец хочет для вас самого лучшего

Некоторые думают, что Бог обязательно даст такое задание, которое человеку будет ненавистно. Например, кому-то очень нравятся тропики, тепло и пляж, но Бог обязательно отправит такого человека на север, чтобы проповедовать эскимосам.

Узнаете такой образ мышления? Наш Отец - благой Отец. Он знает желания вашего сердца, знает то, что подходит вам. Он сделал вас совершенными и очень любит вас. Это значит, что миссия, которуй Он дал вам, полностью соответствует тому, кто вы есть, а не наоборот.

Божья благость ошеломительна. Когда вы делаете то, о чем вас попросил Бог, вы оживаете. Выполнение миссии, данной Отцом, не является наказанием или бременем. Вы созданы с заложенной внутри вас страстью, которая позволяет вам преодолевать любые трудности, с которыми вы сталкиваетесь. Делайте то, что вам естественным образом нравится; ведите деятельность, которая заряжает вас энергией и которой вы увлечены. Найдите минутку, чтобы сесть и записать те вещи в жизни, которые вас действительно волнуют, а также то, что вы ненавидите делать. Делая это, вы становитесь ближе к пониманию Божьей миссии для вас.

Это - суть желаний сердца Божьего для вас. Вы радуетесь, делая то, что Бог вложил в вас.

И вот, небольшая оговорка. Не путайте страсть, данную вам Богом, с вашими душевными желаниями вещей этого мира. Будьте честны перед самим собой и исследуйте свои страсти вместе со Святым Духом. Именно Он может показать вам пути совершенные. Что из ваших желаний на самом деле от Него, а какие удовольствия - из мира? Человек испытывает огромную радость, занимаясь реализацией подлинных мечтаний и страстных желаний.

Ничто в вашей жизни не может быть важнее исполнения судьбы и призвания, данных вам Богом. Не бывает большего удовлетворения, чем полученное тогда, когда вы следуете за небесным Отцом и делаете то, что вы оба любите делать. Это должно быть центром внимания всей нашей жизни. Если вы не выполняете свою судьбу и миссию, есть вероятность, что вы выполняете чужую судьбу и миссию. В итоге вы можете остаться с пустыми руками. Так что наберитесь смелости и запишите, что на самом деле важно в ВАШЕЙ жизни.

1. Что вы любите делать? Что разжигает вашу страсть?

2. Все, что раздражает вас, может стать жемчужиной. Что вас больше всего
    раздражает? Что мешает вам заснуть, что вас злит? Ваш гнев и разочарование
    по какому-либо поводу основан на том, что вы видите что-то неправильное. Вы
    могли усмотреть несправедливость, и теперь хотите что-то с этим сделать.

3. Если было бы все возможно и не было никаких ограничений с точки зрения
    денег или сил, какую мечту вы бы реализовали? А от чего, наоборот, вы бы
    отказались?

Каждый из нас получил особый дар

Бог дал вам все навыки и таланты, необходимые для выполнения вашей миссии. Если
Он призвал вас писать и играть небесную музыку на земле, вы естественным образом
получили этот талант. И все же, вам придется сначала пройти обучение и потом
усердно практиковаться, чтобы развить свой талант и навыки. Но вы достигнете
бо́льших успехов, чем человек, не одаренный так, как вы.

Не принижайте свое дарование. У вас есть талант, способность, которой нет ни у кого другого. Вам дан уникальный дар для выполнения этой особой задачи. Вот почему так важно искренне посмотреть на себя и разглядеть свои таланты. Отец одарил вас уникальным подарком, вы получили то, что нужно, чтобы добиться успеха.

Как часто мы видим, что у конкурсантов на шоу талантов есть только одна мечта: показать свой талант всему миру, чего бы то ни стоило? Запишите, что легко дается вам, но трудно для других. Когда люди просят вас о помощи, что именно они хотят от вас?

Запишите, чем вы искренне удивляете людей, когда они видят, как легко вам что-то дается. Это - то, в чем вы компетентны, эта способность подходит вам, как перчатка руке. Вы мгновенно видите, как и что нужно делать, это ваш природный дар. Не отступайте от этих даров. Крепко вцепитесь в свои таланты и способности и развивайте их.

1. Что говорят окружающие вас о ваших главных навыках?

2. О чем другие просят вас? Если вас что-то просят сделать, это означает, что люди считают вас одаренным в этом деле. Задайте себе вопрос: «Нравится ли мне делать то, о чем меня просят?»

3. Некоторые люди настолько сосредоточены на себе, как будто они живут в своем собственном маленьком мире. Но, возможно, в этом мире вы видите то, что нужно исправить, а остальные этого не видят. Опишите, на что вы обычно обращаете внимание, что, в отличие от вас другие вообще не замечают.

4. Бывает ли у вас мысль «А вот это я явно могу сделать лучше, чем он?» Бывает ли такое, что вы завидуете человеку, выполняющему важную задачу? Когда вы испытываете такие мысли или эмоции, не думайте о себе плохо. Возможно, вы испытываете это переживание потому, что вы связаны с талантом и способностями другого человека. Кто является образцом для подражания у вас, кем бы вы хотели быть?

Пророческое подтверждение

Некоторые из нас получали пророческое слово в своей жизни. Пророческие слова помогают найти правильный путь в жизни. Пророчество дается нам в назидание, увещание и утешение. Очень полезно записывать каждое пророческое слово, полученное вами.

Ищите суть в каждом увещании. Большая часть пророчеств подтверждает то, что вы уже знаете внутри себя. Такие пророчества побуждают вас к дальнейшей реализации своей судьбы.

Запишите, какие пророческие увещания и назидания вы получили. Затем найдите, что проходит в этих пророчествах красной нитью. Не обязательно записывать все подробности, выделите только важные ключевые слова.

1. Как поступали когда-то Библейские пророки, запишите время, место и имя человека, который дал вам пророческое слово.

2. Опишите те элементы во всех этих пророчествах, которые дают вам определенное представление о вашей судьбе.

3.   Какие увещания вы получали?

```


```

4.   Что общего было в этих пророчествах?

```


```

Эмоциональная карта (The Mood Board)

Возможно, вам поможет использование эмоциональной карты настроения. У нас в Нидерландах есть телевизионное шоу, на котором приглашенным участникам помогают отремонтировать дом. Для проекта новой гостиной, например, кандидаты подготавливают эмоциональную карту настроений, или карту визуализации. Человек может воспользоваться журналом, вырезать любую картинку, которая поможет ему показать свое эмоциональное видение или ощущение комнаты своей мечты.

Этот же подход применим к нашему желанию исполнить предназначение, данное нам Богом. Мы переживаем радость, если идем по Божьему пути. Иногда дорога становится непростой, но внутри нас все равно что-то радуется, потому что мы знаем, что мы на верном пути.

Постарайтесь выразить эмоции или настроение, которые вы испытываете, когда думаете об исполнении своей мечты. Будет полезно изучить веб-сайты с практическими советами о том, как создать карту настроений

Возьмите большой ватманский лист и стопку журналов. Пролистайте их и выберите те картинки, которые выражают ваше общее настроение. Возможно, у вас не очень получается в одиночку, тогда попросите друзей помочь вам, вместе это очень весело.

В чем заключается выданный мне мандат?

Выполнив все задания этой главы, вы можете приступить к описанию содержимого вашего свитка. Вы зафиксировали то, что вам нравится делать, что у вас хорошо получается, чего вы страстно желаете. Также записаны пророчества, подтверждающие это. Теперь вам понятно, почему в определенных областях вашей жизни вы испытывали так много противодействия.

Описывая свой свиток, вы также описываете мандат, выданный вам Господом. Этот мандат позволяет вам заявить о своем иске в небесных судах. Вы имеете право заставить замолчать всякий голос, который говорит что-либо против вас в судах небесных. Всякий голос, который мешает вам выполнить Божий план для вашей жизни на земле.

В соответствии с вашей судьбой вы получили от Бога мандат действовать на земле и использовать все, что Бог дал вам для выполнения вашей миссии. Теперь вы юридически уполномочены заставить замолчать всякого противника в судах небесных. Вы уполномочены сказать «нет» любым обстоятельствам, мешающим вам выполнить миссию.

А еще вы, возможно, поймете, что не раз делали неправильный выбор в своей жизни (у всех такое бывает). Выбор, мешающий выполнению миссии от Бога. Вы можете попросить прощения и мудрости на то, как справиться с негативными последствиями этого выбора.

Уделите достаточно времени и сформулируйте в нескольких предложениях, какой мандат вы получили для выполнения своей миссии. Также опишите, что вам конкретно необходимо для этого. Возможно, вам нужно больше уверенности в себе или какое-то физическое исцеление, чтобы начать исполнять свою судьбу.

1. Это - миссия, полученная мной от моего небесного Отца, чтобы прославить Его имя на земле.

2. Теперь запишите тех библейских персонажей или реальных людей из жизни, по которым вы узнали о своем призвании. Найдите говорящие к вам места Писания в поддержку этих утверждений.

3. Для того, чтобы я мог исполнить судьбу, я требую, чтобы следующие атрибуты были возвращены в мою жизнь. Это - то, что было украдено у меня или моей семьи, и я требую, чтобы это было возвращено в мою жизнь и в жизнь моих родных.

2

Опишите несправедливость

В этой главе вы опишете суть вашего иска. Как указано в книге, вам нужно взять лишь одну проблему. Не пытайтесь составить иск по всем неприятностям вашей жизни. Выберите одну единственную задачу и не усложняйте ее. Помните, что вы все еще учитесь. Важно сначала освоить сам процесс, прежде чем приступать к рассмотрению дел, вызывающих бурю эмоций. По мере практики вы не только приобретете опыт, но и укрепите свой авторитет в судах небесных.

1. Итак, опишите несправедливость, о которой вы хотите заявить в суде. Будьте немногословны, запишите самую суть. Подтвердите свой иск Священным Писанием. Официальный юридический документ вы не подаете, но, тем не менее, ясно объясните, что произошло. Не говорите, что вот такой-то причинил мне боль, но скажите, что именно этот человек сделал, когда это было и как это отразилось на вас. Затем процитируйте места Писания, которые подтверждают ваше мнение о произошедшем, как о несправедливости.

2. Кто поступил с вами несправедливо? Назовите человека или организацию,
    которая несправедливо с вами обошлась.

3. Что вы сделали со своей стороны для восстановления отношений. Вы искали
    мира? Следуйте примеру, описанному Иисусом в Матфея 18:15-17. Если вы это
    проделали, как написано, назовите свидетелей, которых вы приводили с собой.

4. Какова была ваша роль в этом конфликте. Какие слова, произнесенные вами и
    какие ваши действия причинили вред другой стороне конфликта?

5. Почувствуйте себя на месте вашего оппонента и попытайтесь представить, почему он повел себя так. Какие обвинения вам были предъявлены? Какие из них верны?

6. Какая ложь звучит в них о вас? Что сделали ваши друзья, когда услышали эти обвинения? Они согласились с вами или указали вам на ваши лукавые убеждения?

7. Возвестите праведность Господа. Опишите, какие обещания Бог дал вам в Своем Слове. Эти обетования покажут вам, что Он думает о несправедливости, совершенной в отношении вас. Прочитайте Псалмы и посмотрите, как Давид говорит с Богом обо всем том зле, совершенном против него. Затем прочитайте ответы, которые он записал в конце большинства псалмов.

Обетования Господа	Ссылки на Писание

3

Тогда приходите - и рассудим

В этой главе мы пойдем в суд. Мы описали в подробностях пошагово наш иск, который мы представим Вечному Судье. Вам разрешается копирование этих страниц при условии, что вы приобрели эту рабочую тетрадь, чтобы использовать их для каждого иска, поданного вами. Мы проделаем действия, описанные в основной книге. Для вашего удобства я скопировал сюда все молитвы из книги.

Имя:		Дата:	
Свидетели:			

В чем суть вашего иска?

Опишите, в чем заключается несправедливость, из-за которой вы хотите обратиться в суд. Вы описали это в предыдущей главе. Просто кратко изложите суть.

Подготовка к заседанию Суда

В этой главе мы пройдем пошагово все этапы судебного разбирательства. В помощь вам мы приводим тексты всех молитв, чтобы вы могли сказать их вслух. Если вы выполнили домашнее задание, все задачи из предыдущих глав должны быть завершены. Вы уже изучили ваш свиток, и теперь вы знаете, каков ваш мандат, чтобы правильно подать иск. Вы также выяснили, какая несправедливость была совершена по отношению к вам и какую роль вы сыграли в конфликте. Вы выбрали одну проблему, а не целый список несправедливостей всей вашей жизни.

Вы благословили своих врагов и попросили прощения за то, что вы сами сделали в произошедшем конфликте. Во время этой сессии будет рассмотрено все, что мы перечислили. Не торопитесь, входя в покой вашего Отца. Позаботьтесь о том, чтобы окружающие вас не беспокоили. (Выключите телефон!) Будет очень полезно, если вам поможет другой человек, особенно если вы делаете это в первый раз. Вместе вы гораздо лучше сумеете воспринимать то, что происходит в небесном зале суда. Возможно, вы примете вместе причастие, прежде чем начать процедуру.

Готовясь к судебному заседанию, хорошо начать с молитвы благодарности Богу. Подчеркните, что вы идете в Его суд, чтобы возвысить Его имя. Вы хотите, чтобы

Его воля исполнилась на земле, как на небе. Скажите Ему, что вы ищете чести не себе, а чести Всемогущему, Его Сыну Иисусу Христу и Святому Духу. Исповедуйте, что правосудие и правота - основание престола Его.

Небесный Судья, Вы пригласили меня представить мой иск перед Вами. Верою я вхожу в суды небесные. Я благодарю Вас за возможность представить здесь мой иск. Я желаю, чтобы Ваше Царство утверждалось на земле, как и на небе.

Основная цель этого заседания суда - возвысить Вас и почтить Вас. Я стремлюсь не к своей чести, а только к Вашей. Я благодарю Вас за то, что жертва Иисуса Христа на кресте сделала это возможным. Я благодарю Вас за Святого Духа, Который ходатайствует за меня воздыханиями неизреченными.

Я признаю, что праведность и правосудие являются основанием Вашего престола. Я хочу, чтобы они также были основанием моей жизни.

Небесный Судья, я прошу Вас поставить навес, хупу над местом, где мы сейчас находимся. Я прошу Вас, чтобы этот навес был покрыт Кровью Агнца и огнем Святого Духа.

Открытие заседания суда

Сначала вы должны признать всеобъемлющие полномочия Судьи и потребовать, чтобы все присутствующие в суде сделали то же самое. Очень важно, чтобы вы говорили только с Небесным Судьей. Все, что звучит на суде, говорится Ему. Так же, как и на суде земном, Судья объявляет заседание суда открытым.

Небесный Судья, я предстаю перед Вами во имя Господа Иисуса Христа и посредством крови Агнца. Я признаю, что Вы обладаете всей властью на небесах, на земле и под землей. Все владычество - Ваше. Я признаю, что этот суд уполномочен выносить приговор по иску, заявленному перед Вами. Небесный Судья, прошу Вас открыть это заседание суда.

Небесный Судья, я   (полное имя) признаю, что Иисус Христос из Назарета пришел во плоти.

Я признаю, что Он умер на кресте и что Он пролил Свою кровь ради спасения моей души. Я признаю, что Ваш Сын воскрес из мертвых и теперь стоит рядом со мной, чтобы ходатайствовать за меня. Я признаю, что этот Иисус есть Христос и мой Господь.

Небесный Судья, я прошу Вас судить меня по Вашему совершенному Закону, Торе. Я признаю, что я несу ответственность за каждое преступление, грех и неправду, которые я совершил. Я также исповедую беззакония, грехи и преступления моих предков. Я беру на себя ответственность за действия предков и последствия этих действий.

Исповедание веры

Как и в земном суде, важно, чтобы ваша личность была подтверждена. Вот почему вы исповедуете свою веру; чтобы все в суде знали, кто вы и каково ваше положение. Вы также берете на себя ответственность за беззакония и грехи своих предков. Вы действуете от их имени как священник. Это помешает сатане использовать грехи ваших предков в качестве основания, чтобы сказать, что вы не можете быть допущены к суду. Когда вы заявляете это исповедание веры, вы одновременно устраняете любые клятвы или заветы, которые были заключены или взяты на себя вашими предками.

Я также прошу, чтобы все, кто участвует в этом судебном процессе, явились в этот зал суда. Я прошу, чтобы все книги, которые имеют какое-либо отношение, были раскрыты. Мы подчиняем себя и всех присутствующих силе крови Агнца.

Я заявляю, что буду говорить правду и ничего, кроме правды, я ничего не буду скрывать во время этого заседания. Я заявляю, что сделал все в разумных пределах, чтобы восстановить отношения с моим оппонентом, чтобы теперь обсуждать несправедливость, с которой я столкнулся.

Подумайте о своей жизни и признайтесь в конкретных грехах или поведении, с которым, по вашему мнению, вам нужно покончить.

Я нахожусь во Христе. Я умер на кресте с Ним. Я прошу Вас возложить любое наказание за мои грехи на Христа, туда, на крест. Я прошу прощения за все эти проступки, грехи и беззакония, на основании жертвы Иисуса Христа на кресте и крови Агнца, пролитой за меня. Я прошу Вас судить всех, кто участвует в этом судебном заседании, таким же образом.

Заявление о вашем мандате

В ходе подготовки вашего дела, вы определили мандат, выданный вам для представления конкретно этого дела Небесному Судье. Вы излагаете суть своего иска о несправедливости, которую вы пережили, или же вы уполномочены кем-то другим ходатайствовать об этом другом человеке. Свой мандат и полномочия вы определили еще до начала суда. И конечно, человек, который попросил вас представлять его в небесном суде, должен иметь полномочия на эту просьбу.

Небесный Судья, основываясь на судьбе, которую Вы дали мне, или на власти, данной мне, я заявляю, что я уполномочен представить это дело перед Вами и ходатайствовать о нем.

Небесный Судья, Вы дали мне задание выполнить мое предназначение на земле. Я заявляю, что сатана препятствует мне в исполнении этой судьбы, соответствующей Вашей воле.

Простите и получите прощение

На этапе подготовки вы описали несправедливость, которая была совершена по отношению к вам. Настал момент подробно попросить прощение за ту роль, которую вы сыграли в этом конфликте. Вы прощаете тех, кто причинил вам боль. Вы произносите благословение над их жизнью. Если с вами поступила несправедливо какая-либо организация, простите тех, кто виновен. Не позволяйте горькому корню вырасти в вашем сердце. Отзовите негативные слова, произнесенные вами в гневе или разочаровании.

Я прощаю тех, кто причинил мне боль. Мой выбор - отказаться от горечи и сделать все возможное, чтобы восстановить отношения. Я отменяю любые негативные слова, которые я произнес о своем оппоненте в гневе или разочаровании. Я прошу, чтобы эти слова были вычеркнуты кровью Агнца из любой книги, где бы они ни были записаны.

Я прошу прощения за роль, которую я сыграл в этом конфликте с моим оппонентом. (Укажите, в чем именно вы виноваты.)

Я прошу прощения у любого человека, который пострадал каким-либо образом. Я прошу возместить ущерб, нанесенный этим людям в результате того, что я сделал или сказал.

Ходатайство

На основании несправедливости, совершенной против вас, вы уполномочены выдвинуть обвинения перед Небесным Судьей против вашего оппонента. Вы имеете право потребовать компенсацию за любые понесенные вами убытки или ущерб. Попросите о восстановлении вашей судьбы и всего, что было незаконно у вас украдено. Небесный Судья примет окончательное решение о законности ваших требований.

Во время этого ходатайства вы объясняете, какая несправедливость была совершена по отношению к вам. Вы называете факты, представляете доказательства и рассказываете Судье, какую потерю вы понесли. Затем вы объясняете, кто, по вашему мнению, несет за это ответственность. Не забывайте, что вы обращаетесь только к Небесному Судье, вы не разговариваете с другими присутствующими сторонами.

Старайтесь говорить как можно более конкретно, но избегайте длинных историй. Пусть ваше ходатайство будет обосновано Словом Божьим. Пусть Слово поможет не только описать несправедливость, но и поддержать ваши требования о компенсации. Используйте заметки, написанные при выполнении заданий в предыдущих главах.

Запишите основные пункты вашего ходатайства и объявите их.

Небесный Судья, я выдвигаю обвинения против(назовите лица /организации), которые поступили со мной несправедливо. Я прошу Вас судить их так же, как судите меня. Небесный Судья, я прошу, согласно моему признанию, чтобы Вы отказали моим оппонентам в любых законных правах препятствовать мне в реализации моей судьбы.

Небесный Судья, я охотно отказываюсь от любого преимущества, которое я или мои предки получили в результате любого завета, заключенного с силами тьмы. Я прошу, чтобы любой завет, заключенный между силами тьмы и моей родословной, был расторгнут. Я отказываюсь от любых претензий сатаны на мою жизнь и на мою родословную.

Небесный Судья, я прошу составить документы о расторжении, и я прошу Вас подписать их, чтобы они могли быть исполнены. Я требую, чтобы любая печать, которую любой враг или противник поставил на моем свитке, была снята, чтобы мой свиток можно было открыть и прочитать.

Небесный Судья, я прошу о надлежащей компенсации за любой ущерб или убытки, которые эти несправедливости причинили в моей жизни.

Определение компенсации

Когда вы просите компенсацию, укажите, какую именно компенсацию вы хотите. Например, вы можете сказать, что ваши оппоненты должны выполнить данные ими обещания, такие как освобождение, исцеление или восстановление. Будьте осторожны, пусть ваши требования исходят не из ваших плотских желаний, а соответствуют воле Божьей для вашей жизни. Божью волю нетрудно понять. Он желает того, что благо, угодно и совершенно подходит для вашей жизни. Назовите граничные камни, которые вы хотите разместить, чтобы снизить власть сатаны над вашей жизнью.

Прошение о компенсации	Библейское обетование

Завершите свою молитву, благословив тех, кто выступал против вас в этом деле. Провозгласите, что они также осозна́ют данную им Богом судьбу. Попросите, чтобы все, что им принадлежит, очистилось кровью Агнца.

Небесный Судья, я благословляю лица, против которых я выступал в Вашем суде. Я прошу, чтобы Вы простили их, как и я простил их, за всю несправедливость, которую они причинили мне и моим предкам.

Я прошу Вас избавить их от всякого угнетения со стороны врага в их жизни. Я прошу, чтобы и они исполнили судьбу, которую Вы им дали.

Я прошу, чтобы все имущество, дома, банковские счета, собственность каждого человека, присутствующего здесь на этом заседании суда - все было очищено Кровью Агнца. Чтобы эти активы могли быть использованы для восстановления Вашего Царства здесь, на Земле.

Свидетельские показания и доказательства

Как и в земном суде, каждая сторона будет допущена до прений. Вашему оппоненту разрешается представить свое заявление в зале суда, чтобы также изложить свою точку зрения. Попросите своих друзей, которые с вами в этой молитве, записать то, что они почувствовали или восприняли.

Небесный Судья, я прошу Вас позволить моему оппоненту представить свое ходатайство. Я также прошу Вас предоставить свидетелям возможность дать показания. Прошу предъявить в зале суда любые скрытые или публичные обвинения в мой адрес. Я также прошу представить любые доказательства этих обвинений.

Небесный Судья, я прошу Вас показать мне, какие обвинения против меня имеют законное основание. Я беру на себя ответственность за все, в чем меня обвиняют, и признаю это в Вашем присутствии.

Я призываю кровь Агнца, чтобы получить прощение за все мои грехи. Небесный Судья, я прошу Вас кровью Агнца уничтожить все доказательства, представленные против меня.

Я постановляю и заявляю, что все доказательства прибиты к кресту. Я постановляю и заявляю, что Иисус Христос победил всех моих врагов. Поскольку я распят со Христом, я тоже победил всех своих врагов.

Приговор Судьи

После того, как вы выдвинули обвинения против своего оппонента перед Судьей, вы просите Его вынести приговор и удовлетворить ваши требования. Попросите тех, кто молится с вами, рассказать вам, что они слышат и видят в зале суда. Получив письменный приговор Небесного Судьи, обязательно запишите этот приговор. Вы также можете записать любое пророческое откровение, которое получат ваши друзья, но важно записать приговор Судьи.

Небесный Судья, я прошу Вас вынести вердикт в отношении меня по обвинениям, которые я предъявил суду. Прошу Вас удовлетворить мои требования. Я также прошу Вас передать мне приговор и документы о расторжении, которые к нему прилагаются. Благодарю Вас, Небесный Судья, что Вы судите по справедливости. Верою я получаю Ваш приговор вместе с документами о расторжении.

Запишите без спешки любые ощущения, которые вы и ваши друзья получаете. Пусть каждый, кто молится с вами, скажет вам, что он чувствует в зале суда. Это важный шаг, потому что приговор Судьи обязателен для всех сторон. Спросите Святого Духа, возможно, Он хочет помочь вам услышать и понять голос Судьи.

Опишите подробно, каков вердикт Небесного Судьи по этому делу. Постарайтесь записать то, что Он сказал вам на озвученные вами требования о компенсации.

Когда вы начнете молиться в судах небесных, порой эмоции будут бить через край. Ведь, пожалуй, впервые в жизни вы заговорили о несправедливости, которая была совершена по отношению к вам. Осознайте, что слышание голоса Господа — это процесс, которому нужно и можно научиться. Возможно, неплохо было бы попросить кого-то из друзей, кому вы доверяете, помочь вам в этом. Возможно, они смогут лучше различить что говорит вам Дух.

Полученное вами решение суда сохраняйте в открытом для корректировки виде. Научитесь доверять Отцу, который говорит с вами. Будьте открыты для поправок, если вы увидите, что все пошло не так, как вы ожидали. Не забывайте, что Бог, как ваш Отец, так сильно ждал вашего появления в суде. Он любит вас и поможет вам в этом процессе.

Я заявляю и постановляю, что я получил документы о расторжении, подписанные Небесным Судьей. Я заявляю и постановляю, что всякий завет, заключенный мной, моими предками и любой вражеской силой, расторгнут и аннулирован, и я заявляю, что он не имеет власти надо мной или моей семьей.

Решение суда по делу _____(напишите свое имя) против

_____ (напишите имя вашего оппонента) от

_____ (числа) в _ (городе).

1.

2.

3.

4.

5.

6.

Завершение заседания суда

После того, как вы получили приговор Небесного Судьи, пришло время закрыть это заседание. Поэтому вы просите Небесного Судью закрыть заседание суда и благословить всех, кто присутствует на этом заседании.

Небесный Судья, я благодарю Вас за Вашу благость и милость. Благодарю Вас, что Вы вершите праведный суд по слову Вашему. Славлю имя Ваше и чту Вас. Господь Иисус, Ты достоин принять всю силу, богатство, мудрость, силу, честь, славу и благодарность во веки веков. Святой Дух, я благодарю Тебя за то, что Ты помог мне в этом судебном деле всякой мудростью и советом.

Небесный Судья, я прошу Вас о руководстве Святого Духа и Семи Духов Божьих, чтобы иметь возможность исполнить письменный приговор. Я прошу разрешения выслать Небесные Воинства от моего имени, чтобы исполнить письменное решение.

Небесный Судья, прошу Вас завершить это судебное заседание. Я заявляю, что участвовал в этом заседании под властью Иисуса Христа и что после этого суда я нахожусь под Его защитой.

После того, как вы получили письменное решение Небесного Судьи, начинайте провозглашать его. Помните о двух подводных камнях. Первая ловушка - недооценка силы приговора. Когда вроде бы ничего не происходит после того, как вы получили вердикт, у вас могут возникнуть мысли, что ничего и не было. Или все это было просто у вас в воображении. Но это и близко не похоже на правду. Войдя в суд верой, вы вошли в мир владычества вечного Судьи. Но вам нужно терпение, чтобы получить обещанное. Стойте и верьте в Бога, как и та вдова, которая надоедала земному судье.

Вторая ошибка - переоценка. Вы вдруг решаете сами, как результаты вашего иска должны проявиться в вашей жизни. Но пока мы не видим Его лицом к лицу, нам всегда нужно молиться и взвешивать каждое ощущение, полученное от Него. Начните искать библейские доказательства того, что записанные вами слова являются здравыми в библейском смысле. Проверьте себя - спросите друзей, что они думают об этом решении. Будьте открыты для коррекции, будьте терпеливы. Даниилу тоже пришлось ждать, пока слова, которые он получил, исполнятся, и приговор проявится на земле.

4

Ссылки на Писание

Бытие 1:26	Иов 2:1,7	Исаия 5:16	Матфея 5:8
Бытие 15:9,10,17	Иов 2:6	Исаия 6:1-13	Матфея 6:13
Бытие 18:21	Иов 23:4-7	Исаия 6:8	Матфея 7:1-3
Бытие 18:25	Иов 42:5	Исаия 9:7	Матфея 8:6-10
Бытие 21:32	Псалтирь 2:2-3	Исаия 11:2	Матфея 11:11
Бытие 3:8-20	Псалтирь 9:5	Исаия 14:16	Матфея 13:13-17
Бытие 31:10	Псалтирь 14:4	Исаия 19:17	Матфея 13:57
Бытие 4:10	Псалтирь 17:1-2	Исаия 33:22	Матфея 16:19
Исход 18:21-23	Псалтирь 17:48	Исаия 43:25-26	Матфея 17:2
Исход 20:6	Псалтирь 18:3-4	Исаия 54:17	Матфея 18:15-17
Исход 23:1-13	Псалтирь 18:14-15	Иеремия 1:4-10	Матфея 24:7
Исход 23:1-8	Псалтирь 31:5	Иеремия 23:18	Матфея 24:37-39
Исход 26:33-34	Псалтирь 35:6-7	Иеремия 29:11	Матфея 26:62-66
Исход 32:11-14	Псалтирь 39:10-11	Иеремия 50:33-34	Матфея 28:18
Второзаконие 10:18	Псалтирь 42:1	Иеремия 51:36а	Марка 1:15
Второзаконие 11:17-18	Псалтирь 44:8, 9	Иезекииль 18:4	Марка 14:27
Второзаконие 32:36	Псалтирь 50	Иезекииль 18:23	Луки 9:54-56
Иисус Навин 9:15	Псалтирь 52:5-7	Иезекииль 18:32	Луки 11:2
Иисус Навин 9:6,15	Псалтирь 53	Иезекииль 22:30	Луки 14:27,33
Судей 17:6	Псалтирь 58	Иезекииль 23:36	Луки 18:1-9.
Судей 21:25	Псалом 88:9-16	Иезекииль 33:11	Луки 21:31
1 Царств 11:1	Псалтирь 92:1-5	Даниил 7:9-10	Луки 21:9
1 Царств 9:9	Псалтирь 96:1-3	Даниил 7:13-14	Луки 22:2
2 Царств 1:11-12	Псалтирь 96:2	Даниил 7:22	Луки 22:31-32
2 Царств 21:1	Псалтирь 99:4- 5	Даниил 7:26-27	Луки 23:7
3 Царств 22:19-22	Псалтирь 109	Даниил 10:21	Луки 23:22-24
3-я Царств 8:49	Псалтирь 138	Иоиль 2:25	Иоанна 1:12
4 Царств 2:19-22	Псалтирь 149:5-9	Амос 3:7-8	Иоанна 1:17
4 Царств 6:16-17	Притчи 18:8	Михей 7:9;	Иоанна 6:60-66
1 Паралипоменон 28:9	Притчи 20:6	Наум 1:2	Иоанна 7:16-17
2-я Паралипоменон 16:9	Притчи 24:17-18	Захария 3:1-2	Иоанна 7:24
Неемия 2:19	Притчи 25:2	Захария 5:1-4	Иоанна 7:52
Есфирь 3:1-5	Экклезиаст 5:3-6	Матфея 1:19-20	Иоанна 8:38
Иова 1:6-12	Екклесиаст 8:9	Матфея 3:2	Иоанна 10:4
Иов 13:17-19	Екклесиаст 10:20	Матфея 5:25-26	Иоанна 11:47-48
Иов 15:8	Исаия 1:18	Матфея 5:44	Иоанна 14:6

Иоанна 14:30-31	1 Коринфянам 6:1-3	Иакова 5:12	
Иоанна 17:4	1 Коринфянам 10:16	1 Иоанна 1:8-2:2	
Иоанна 18:29	1 Коринфянам 11:16	1 Иоанна 2:1-2	
Иоанна 18:30-31	1 Коринфянам 14:33	1 Иоанна 2:1-2	
Иоанна 20:23	2 Коринфянам 1:21-22	1 Иоанна 3:2	
Деяния 1:3-9	2 Коринфянам 4:4	Иуды 1:9-10	
Деяния 3:19	Галатам 1:15-16	Откровение 1:10-12	
Деяния 4:27-28	Галатам 5:2-3	Откровение 3:18	
Деяния 5:1-11	Ефесянам 1:5	Откровение 4:1	
Деяния 5:38-39	Ефесянам 1:17-19	Откровение 5:1-6	
Деяния 6:3-4	Ефесянам 1:20-2:8	Откровение 7:17	
Деяния 7:48	Ефесянам 2:6	Откровение 12:10	
Деяния 9:1-2	Ефесянам 2:10	Откровение 19:8-10	
Деяния 13:36	Ефесянам 3:6,12	Откровение 20:12	
Деяния 15:28	Ефесянам 4:11-13		
Деяния 15:4-5	Ефес. 6:12		
Деяния 17:11	Колоссянам 1:18		
Деяния 17:21	Колоссянам 2:13-15		
Деяния 19:13-20	1-е Фессалоникийцам 5:23		
Римлянам 5:1	Евреям 1:13-14		
Римлянам 5:8, 10	Евреям 1:8-9		
Римлянам 5:12-19	Евреям 4:3		
Римлянам 6:6-7	Евреям 4:16		
Римлянам 8:1-2; 31-34	Евреям 5:12-14		
Римлянам 8:1	Евреям 7:25		
Римлянам 8:19	Евреям 8:5		
Римлянам 8:28	Евреям 9:12		
Римлянам 8:31-33	Евр. 9:22		
Римлянам 12:2	Евреям 5:7		
Римлянам 12:17-20	Евреям 10:13		
Римлянам 12:18	Евреям 10:19-23		
Римлянам 14:17	Евреям 10:36		
1 Коринфянам 1:23	Евреям 11:3		
1-е Коринфянам 2:9-13	Евреям 12:1-2		
1-е Коринфянам 2:13-16	Евреям 12:24		
1 Коринфянам 15:44	Иакова 4:8		

Seraph Creative - это коллектив художников, писателей, теологов и иллюстраторов, которые помогают телу Христову достичь совершенства, воспользоваться своим наследием Сынов Божьих на земле.

Подпишитесь на нашу рассылку, чтобы узнать о выходе следующей книги в этой серии, а также о других публикациях.

Посетите наш веб-сайт:

www.seraphcreative.org

www.ingramcontent.com/pod-product-compliance
Lightning Source LLC
Chambersburg PA
CBHW070955120626
46546CB00004B/1634